sobre a verdade

v

harry g. frankfurt

f

harry g. frankfurt
sobre a verdade

tradução denise bottmann

Companhia Das Letras

copyright © 2006 by harry g. frankfurt

Esta edição foi publicada mediante acordo com
a Alfred A. Knopf, uma divisão da Random House, Inc.

título original
on truth

capa e projeto gráfico
warrakloureiro

preparação
márcia copola

revisão
cecília ramos
marise s. leal

A tradução do soneto 138 de William Shakespeare na página 102 foi extraída do livro *42 sonetos*, tradução e apresentação Ivo Barroso (Rio de Janeiro: Nova Fronteira, 2006).

Dados Internacionais de Catalogação na Publicação (CIP)
(Câmara Brasileira do Livro, SP, Brasil)

Frankfurt, Harry G.
 Sobre a verdade / Harry G. Frankfurt; tradução Denise Bottmann — São Paulo: Companhia das Letras, 2007.

 Título original: On truth
 ISBN 978-85-359-1073-5

 1. Verdade (Filosofia) I. Título.

07-5593   CDD 121

Índice para catálogo sistemático:
1. Verdade: Teoria do conhecimento: Filosofia 121

[2007]
todos os direitos desta edição reservados à
EDITORA SCHWARCZ LTDA.
rua bandeira paulista, 702, cj. 32
04532-002—são paulo—sp
telefone [11] 3707-3500
fax [11] 3707-3501
www.companhiadasletras.com.br

para joan, de novo.

afinal, foi idéia dela

introdução

Não faz muito tempo, publiquei um livro sobre a bobagem intitulado *On bullshit* (Princeton University Press, 2005) [*Sobre falar merda*, Rio de Janeiro: Intrínseca, 2005]. Nesse ensaio, apresentei uma análise provisória do conceito de bobagem: isto é, especifiquei as condições que me pareciam necessárias e suficientes para aplicar de modo correto o conceito. Minha asserção era que aqueles que dizem bobagens, embora julguem estar simplesmente transmitindo informações, não é de forma alguma nisso que estão empenhados. Pelo contrário, e essencialmente, eles são impostores e embusteiros que tentam, com o que dizem, manipular as opiniões e as atitudes daqueles a quem se dirigem. O que lhes importa basicamente, portanto, é se o que dizem é *eficiente* para conseguir essa manipulação.

Assim, eles são mais ou menos indiferentes sobre se o que dizem é verdadeiro ou falso.

Naquele livro, também levantei uma série de outras questões. Explorei a distinção, que é de importância fundamental, ainda que em geral não se reflita sobre ela, entre a bobagem e a mentira. Fiz algumas sugestões iniciais para explicar o extraordinário predomínio e persistência da bobagem em nossa cultura. E sustentei que, para a condução da vida civilizada, a prática de dizer bobagens constitui uma ameaça mais insidiosa que a de dizer mentiras.

Na época, isso parecia suficiente. Mas depois percebi que, no livro, eu não tinha dado atenção alguma a um problema que sem dúvida deve ser tratado em toda discussão satisfatória sobre a bobagem. Eu havia feito uma suposição importante, com a qual, segundo imaginei precipitadamente, a maioria dos leitores concordaria: a saber, ser indiferente à verdade é uma característica indesejável ou até repreensível, e portanto deve-se evitar e condenar a prática de dizer bobagens. Mas omiti de todo qualquer coisa que pudesse representar uma explicação cuidadosa e convincente — com efeito, omiti todo tipo de explicação — sobre por que exatamente a verdade *é* de fato tão importante para nós, ou por que devemos nos importar especialmente com ela.

Em outras palavras, deixei de explicar por que a indiferença à verdade, que eu afirmava ser diferente da bobagem, é uma coisa tão ruim. É claro que a maioria das pessoas reconhece, e admitirá mais ou menos prontamente, que a verdade tem uma importância considerável. Por outro lado, pouca gente está preparada para fornecer um esclarecimento real sobre aquilo que torna a verdade tão importante.

Todos sabemos que nossa sociedade agüenta constantemente enormes injeções — umas deliberadas, umas apenas incidentais — de bobagens, mentiras, e outras formas de deturpação e fraude. É evidente, contudo, que esse peso não chegou — pelo menos até agora — a incapacitar nossa civilização. Alguns talvez tomem tal fato para mostrar que, afinal, a verdade não é tão importante, e que não há nenhuma razão particularmente forte para nos preocuparmos muito com ela. Em minha opinião, isso seria um erro deplorável. Assim, proponho considerar aqui — como uma espécie de continuação de *Sobre falar merda*, ou como uma investigação a que essa obra serviu de introdução geral — a importância prática e teórica que a verdade possui de fato, conduzamos ou não nossas ações como se a reconhecêssemos.

Meu editor (o inimitável e insubstituível George Andreou) chamou minha atenção para a circunstância bastante paradoxal de que ninguém tem dificuldade em reconhecer que há muita *bobagem* por aí, enquanto pouquíssima gente se recusa obstinadamente a admitir que possa existir — mesmo em princípio — algo como a *verdade*. Em minha discussão, porém, nem sequer tentarei — pelo menos não com análises ou argumentos diretamente polêmicos — resolver de uma vez por todas o complicado debate entre aqueles que aceitam a realidade de uma distinção significativa entre ser verdadeiro e ser falso e aqueles que se imaginam (não importa se estão certos em fazê-lo, ou se ao menos é *possível* que estejam certos) negando energicamente que tal distinção seja válida ou que corresponda a qualquer realidade objetiva. Parece improvável que esse debate algum dia se resolva definitivamente, e de modo geral nem vale muito a pena.

Em todo caso, mesmo os que professam negar a validade ou a realidade objetiva da distinção verdadeiro/falso continuam a sustentar sem nenhum constrangimento aparente que tal negativa é uma posição *verdadeiramente* endossada por eles. A asserção de que rejeitam a distinção entre verdadeiro e falso é, insistem eles, uma asserção incondicionalmente *verdadeira*, e *não* uma asserção *falsa*, sobre suas crenças.

Em razão dessa incoerência *prima facie* na apresentação de sua doutrina, fica difícil conceber o que é que eles dizem negar. E ela também é suficiente para nos fazer pensar até que ponto precisamos levar a sério essa asserção de que não existe nenhuma distinção objetivamente significativa ou válida a ser feita entre o que é verdadeiro e o que é falso.

Vou também evitar as tremendas complexidades que cercam qualquer tentativa consciensiosa de *definir* as noções de verdade e falsidade. É provável que seria outra tarefa desalentadora e desnecessariamente dispersiva. Assim, simplesmente adotarei as maneiras do senso comum, aceitas mais ou menos universalmente, de entender essas noções. Todos sabemos o que significa dizer a verdade sobre várias coisas que nos são reconhecidamente familiares

— por exemplo, nosso nome e endereço. Além disso, entendemos com a mesma clareza o que significa dar declarações falsas sobre tais coisas. Sabemos muito bem como mentir sobre elas.

Assim, vou supor que os leitores estão plenamente à vontade com essas acepções do senso comum, despretensiosas e filosoficamente inocentes, sobre a diferença entre ser verdadeiro e ser falso. Eles talvez não consigam definir as noções com precisão inatacável e exatidão formal. Mas considerarei que podem prosseguir com elas de maneira mais ou menos inteligente e segura.

Mais uma coisa. Minha discussão vai se restringir exclusivamente ao valor e à importância da *verdade*, e de maneira alguma tratará do valor ou da importância de nossos *esforços em encontrar* a verdade ou de nossa *experiência de en-*

contrá-la. Vir a reconhecer que a evidência para uma determinada proposição é conclusiva, e que não pode haver mais nenhuma indagação razoável sobre a verdade da proposição, com freqüência traz consigo uma sensação agradável de êxito e conclusão decisiva, e às vezes pode ser até muito emocionante. Uma demonstração rigorosa resolve inequivocamente todas as incertezas razoáveis referentes à verdade da proposição; portanto, naturalmente, todas as resistências à aceitação da proposição se evaporam. Isso é libertador e revigorante. Livra-nos das ansiedades e inibições da dúvida, e permite-nos parar de nos preocupar com o que devemos crer. Nossa mente fica mais calma, por fim relaxada e confiante.

Experiências desse tipo são mais ou menos familiares aos estudiosos e cientistas. Também são conhecidas por muitos leigos, que podem se deparar com elas com certa freqüência na condução corriqueira de seus negócios. Muitas pessoas passam por essas experiências nas aulas de geometria do colegial, quando são levadas a apreciar a demonstração impecável de algum teorema euclidiano e, assim, a *ver* com clareza e distinção que o teorema foi *conclusivamente provado.*

Apesar da satisfação relativamente generalizada dessas experiências, e a despeito do inequívoco interesse e valor delas, não as discutirei mais. Como já disse, concentrarei a atenção unicamente no valor e na importância da verdade para nós. Não tratarei do valor ou da importância de nossa experiência de estabelecer, ou tentar descobrir, o que é verdadeiro. Meu tema não é o processo de investigação ou o momento de sua conclusão positiva, e sim o seu objetivo.

Colocadas essas ressalvas e condições preliminares, vamos começar. A verdade é, de fato, algo com que nos importamos — e devemos nos importar — especialmente? Ou o amor à verdade, professado por tantos autores e pensadores ilustres, é ele próprio apenas outro exemplo de bobagem?

capítulo 1

Quando tento indicar por que a verdade é importante para nós, o que me vem mais rápido à mente é uma idéia que talvez pareça desesperançadamente banal mas que é, mesmo assim, inquestionavelmente pertinente. É a idéia de que a verdade muitas vezes tem uma utilidade prática bastante considerável. Qualquer sociedade que consegue ser minimamente funcional tem de ter, julgo eu, grande apreço pela utilidade infindavelmente multiforme da verdade. Afinal, como uma sociedade com pouquíssima preocupação com a verdade conseguiria formular juízos e decisões suficientemente bem informados, referentes ao arranjo mais adequado de seus assuntos públicos? Como conseguiria se desenvolver, ou sequer sobreviver, sem saber o suficiente sobre os fatos pertinentes para poder realizar suas ambições e enfrentar seus problemas com prudência e eficiência?

Parece-me ainda mais claro que os níveis de civilização mais elevados devem depender ainda mais de um respeito consciencioso pela importância da honestidade e da clareza ao relatar os fatos, e de uma preocupação obstinada com a exatidão em determinar o que são os fatos. As ciências naturais e sociais, bem como a condução dos assuntos públicos, decerto não podem prosperar a não ser que conservem ciosamente esse respeito e essa preocupação. O mesmo vale para a técnica e para as artes.

Vivemos numa época em que, é estranho dizer, muitas pessoas cultas acham que a verdade não merece nenhum respeito especial. Sabe-se, naturalmente, que uma atitude desdenhosa em relação à verdade é mais ou menos endêmica nos círculos dos publicitários e dos políticos, raças cujos espécimes tipicamente se regalam com a criação de bobagens, mentiras, e de qualquer outro tipo de fraude e embuste que são capazes de imaginar. Isso não é nenhuma novidade, estamos acostumados.

Mas, recentemente, uma versão parecida — ou melhor, uma versão mais extrema — dessa atitude andou se generalizando de maneira preocupante mesmo dentro daquela categoria de pessoas que podiam ter sido ingenuamente consideradas mais confiáveis. Muitos céticos e cínicos despudorados quanto à importância da verdade (ou quanto à importância correlata das críticas ao plágio, estabelecidas desde longa data) têm aparecido entre os autores de maior vendagem e ganhadores de prêmios, entre articulistas de jornais importantes, entre os círculos até então respeitados de historiadores, biógrafos, memorialistas, teóricos da literatura, romancistas — e até entre filósofos, dos quais, mais que todos, seria de esperar outra coisa.

Esses inimigos descarados do senso comum — os membros de um certo subgrupo emblemático entre eles se autodenominam "pós-modernistas" — negam com rebeldia e farisaísmo que a verdade tenha alguma realidade genuinamente objetiva. A partir daí, vão mais além e negam que a verdade mereça alguma deferência ou respeito obrigatório. De fato, eles descartam de modo enfático uma suposição que não só é absolutamente fundamental para a investigação e o pensamento responsáveis, como também parece — diante das circunstâncias — de todo inócua: a suposição de que "o que são os fatos" é uma noção útil ou, no mínimo, uma noção com um significado inteligível. Quanto aos direitos de deferência e respeito que em geral atribuímos ao fato e à verdade, a idéia dos pós-modernistas é que, ao fim e ao cabo, a atribuição desses direitos é apenas fortuita. É simplesmente uma questão, insistem eles, de como você enxerga as coisas.

Nem é preciso dizer que, com muita freqüência, todos identificamos, de maneira consciente e confiante, certas proposições como verdadeiras e outras como falsas. Mas os pensadores pós-modernistas não se sentem nem um pouco perturbados com a aceitação inegavelmente ubíqua dessa prática. E, o que é ainda mais surpreendente, não se sentem desconcertados sequer com os resultados e conseqüências muitas vezes valiosos de tal prática. A razão dessa obstinação empedernida é que, segundo a linha de pensamento dos pós-modernistas, as distinções que fazemos entre o que é verdadeiro e o que é falso são, em última instância, guiadas por nada mais indiscutivelmente objetivo, ou mais forçosamente imperioso, que nossos pontos de vista individuais. Ou, numa outra variante dessa doutrina, não são tanto as perspectivas pessoais que comandam essa questão; mais especificamente, essa questão é comandada por coerções *impostas* a todos nós, seja por rígidas determinações econômicas e políticas, seja pelos hábitos e costumes de nossa sociedade, que atuam sobre nós como poderosas motivações. O ponto em que os pós-modernistas se baseiam especificamente é apenas o seguinte: o que uma pessoa *considera* verdadeiro é uma mera função do ponto de vista individual dela ou é determinado pelo que ela é *levada a considerar* verdadeiro por várias pressões sociais complexas e inelutáveis.

Esse ponto me parece não só fácil demais, como também obtuso. Sem dúvida é incontestável, a despeito do que possam dizer os pós-modernistas ou quem quer que seja, que os engenheiros e arquitetos, por exemplo, têm de lutar para conseguir — e às vezes realmente conseguem — uma objetividade autêntica. Muitos deles são extremamente habilidosos em avaliar, com uma precisão em geral confiável, tanto os obstáculos intrínsecos à implementação dos seus projetos como os recursos que estão disponíveis para que eles enfrentem tais obstáculos. Não há a menor plausibilidade em considerar que as medições cuidadosamente feitas, vitais para seus projetos e edificações, estão sujeitas às variações inconstantes e às divagações insensatas que se seguiriam caso elas dependessem de uma perspectiva individual; seria igualmente implausível considerá-las sujeitas às exigências com freqüência arbitrárias ou descabidas do controle e dos tabus sociais. É evidente que elas têm de ser precisas, mas a precisão não basta. As medições têm de ser estáveis, sob quaisquer condições e de qualquer ponto de vista que tenham sido feitas, e têm de estar corretas.

Imaginem que uma ponte caia sob uma pressão normal. O que isso nos mostraria? Mostraria, no mínimo, que aqueles que projetaram ou os que construíram a ponte cometeram alguns erros bem graves. Ficaria evidente para nós que pelo menos algumas das soluções que eles conceberam, diante dos múltiplos problemas enfrentados, estavam fatalmente incorretas.

O mesmo, naturalmente, se aplica à medicina. Os médicos têm de se empenhar em formular juízos sólidos sobre como tratar doenças e lesões. Assim, eles precisam saber quais os remédios e quais os procedimentos em que podem confiar para ajudar os pacientes; precisam saber quais provavelmente não contribuem para nenhuma melhora, e precisam saber quais provavelmente são prejudiciais.

Ninguém em sã consciência iria confiar num construtor, ou se entregar aos cuidados de um médico, que não se importasse com a verdade. Mesmo os escritores, artistas e músicos precisam — a seu modo — saber como fazer as coisas direito. Pelo menos precisam saber como evitar errar demais. Durante o processo criativo, eles sempre se deparam com problemas importantes — por exemplo, problemas de técnica e de estilo. Determinadas maneiras de lidar com esses problemas são claramente muito superiores a outras. Talvez não exista uma maneira única e indiscutivelmente correta de lidar com qualquer um deles. Mas muitas das alternativas são visivelmente *in*corretas. Com efeito, algumas delas podem ser imediata e incontestavelmente reconhecidas como verdadeiramente horríveis.

Em todos esses contextos, existe uma diferença clara entre fazer as coisas direito e fazer as coisas erradamente, e assim uma diferença clara entre o verdadeiro e o falso. Com efeito, muitas vezes afirmam que a situação é diferente quando se trata de análises históricas e de críticas sociais, e sobretudo quando se trata das avaliações das pessoas e das políticas em geral presentes nessas análises e críticas. O argumento normalmente apresentado em defesa dessa afirmação é que tais avaliações são sempre fortemente influenciadas pelas circunstâncias e atitudes pessoais de quem as faz, e que por isso não podemos esperar que as obras de história ou de crítica social sejam rigorosamente imparciais e objetivas.

Sem dúvida, o elemento de subjetividade em tais assuntos é inevitável. Mas existem limites importantes ao que significa admitir isso, no que se refere ao grau de variação na interpretação dos fatos que se pode esperar, por exemplo, da parte de historiadores sérios. Há uma dimensão de realidade que nem mesmo a mais ousada — ou mais preguiçosa — indulgência para com a subjetividade pode se atrever a invadir. Tal é o espírito da famosa resposta de Georges Clemenceau, quando lhe pediram que especulasse o que diriam os futuros historiadores sobre a Primeira Guerra Mundial: "Eles não dirão que a Bélgica invadiu a Alemanha".

capítulo 2

Ainda assim, muita gente consegue se convencer — às vezes de maneira um tanto presunçosa — de que os juízos normativos (isto é, valorativos) não podem ser propriamente considerados *ou* verdadeiros *ou* falsos. A idéia dessas pessoas é que esse tipo de juízo não faz realmente nenhuma declaração factual — isto é, nenhuma declaração que *seria* correta ou incorreta. Elas crêem que tais juízos apenas expressam sentimentos e atitudes pessoais que, estritamente falando, não são *nem* verdadeiros *nem* falsos.

Certo. Suponhamos que concedemos isso. Mesmo assim, continua claro que aceitar ou rejeitar um juízo valorativo deve depender de outros juízos que são claramente não normativos — isto é, de asserções sobre fatos. Assim, não podemos razoavelmente julgar por nós mesmos se uma determinada pessoa tem um caráter mau em termos morais, exceto com base em asserções factuais descrevendo exemplos de seu comportamento que parecem fornecer provas concretas de deficiência moral. Além disso, essas asserções factuais referentes ao comportamento da pessoa precisam ser verdadeiras, e o raciocínio pelo qual derivamos delas nosso juízo valorativo precisa ser válido. Caso contrário, nem as asserções nem o raciocínio serão eficientes para ajudar a justificar a conclusão. Não farão nada para mostrar que a avaliação baseada neles é razoável.

Assim, a distinção entre o que é verdadeiro e o que é falso mantém uma relação crítica com nossas avaliações dos juízos valorativos ou normativos, embora concordemos que a distinção verdadeiro/falso não tem uma aplicação direta a esses mesmos juízos. Podemos admitir, se considerarmos sensato fazê-lo, que as avaliações que realizamos não são verdadeiras nem falsas. No entanto, não podemos admitir uma mesma caracterização das asserções factuais, ou do raciocínio, com que devemos tentar fundamentar aquelas avaliações.

Da mesma forma, as asserções factuais são indispensáveis para explicar e validar os objetivos e finalidades que escolhemos e colocamos como metas a atingir. Sem dúvida, muitos pensadores negam que nossa escolha de objetivos e finalidades — pelo menos daqueles que não são escolhidos meramente por seu valor instrumental de nos ajudar a realizar ambições ulteriores — possa ser de algum modo justificada racionalmente. Pelo contrário, insistem eles, adotamos objetivos e finalidades apenas em virtude do que calhou sentirmos ou desejarmos.

Mas é evidente que, em larga medida, escolhemos os objetos que desejamos, que amamos e com que nos comprometemos, em razão daquilo em que *acreditamos* a respeito deles — por exemplo, que aumentarão nossa riqueza ou protegerão nossa saúde, ou que servirão nossos interesses de alguma outra forma. Portanto, a verdade ou a falsidade das asserções factuais em que nos baseamos para explicar ou validar nossa escolha de objetivos e nossos compromissos está inevitavelmente relacionada com a racionalidade de nossas atitudes e escolhas. A menos que saibamos se temos justificativa para considerar verdadeiros vários juízos factuais, não poderemos saber se há realmente algum sentido em sentir e escolher da maneira como fazemos.

Por essas razões, nenhuma sociedade pode se permitir desprezar ou desrespeitar a verdade. Mas não basta que uma sociedade simplesmente reconheça que, ao fim e ao cabo, a verdade e a falsidade são conceitos legítimos e significativos. Além disso, ela não pode deixar de encorajar e apoiar indivíduos capazes, que se dedicam a adquirir e explorar verdades significativas. De mais a mais, quaisquer que sejam os benefícios e ganhos que eventualmente possam ser obtidos com a prática de dizer bobagens, de dissimular, ou com a pura e simples mentira, as sociedades não podem se permitir tolerar ninguém nem nada que alimente uma indiferença negligente em relação à distinção entre verdadeiro e falso. Muito menos podem aceitar a pretensão mesquinha e narcisista de que ser verdadeiro com os fatos é menos importante do que ser "verdadeiro consigo mesmo". Se existe alguma atitude *intrinsecamente* contrária a uma vida social decente e ordenada, é essa.

Uma sociedade que mostra um desleixo persistente e temerário em qualquer um desses aspectos está fadada a declinar ou, pelo menos, a se render à inércia cultural. Ela será certamente incapaz de qualquer realização substancial, e mesmo de qualquer ambição coerente e prudente. As civilizações *nunca* avançaram de maneira saudável, e *não podem* avançar de maneira saudável, sem grandes quantidades de *informação factual confiável*. Tampouco podem prosperar se são cercadas por incômodas infecções de crenças *errôneas*. Para fundar e sustentar uma cultura avançada, precisamos evitar a debilitação seja pelo erro seja pela ignorância. Precisamos conhecer — e, naturalmente, também devemos entender como utilizar de forma produtiva — muitíssimas verdades.

Isso não é apenas um imperativo societário. Também se aplica a cada um de nós, como indivíduos. Os indivíduos exigem verdades para poder abrir seu caminho com eficiência em meio à densa mata de riscos e oportunidades que todos invariavelmente enfrentam durante a vida. Precisam saber a verdade sobre o que comer e o que não comer, sobre como se vestir (dados os fatos relativos às condições climáticas), sobre onde morar (em vista das informações acerca de coisas como falhas tectônicas, ocorrência de avalanches, e a proximidade de lojas, empregos e escolas), sobre como fazer aquilo que são pagos para fazer, como educar os filhos, o que pensar a respeito das pessoas que eles encontram, o que eles são capazes de realizar, o que gostariam de realizar, e uma variedade interminável de outras questões mundanas mas vitais.

Nosso êxito ou fracasso no que quer que façamos, e portanto na vida como um todo, depende de sermos guiados pela verdade ou de seguirmos na ignorância ou na base da falsidade. Também depende, naturalmente, *do que fazemos com* a verdade. Mas, *sem* a verdade, já estamos perdidos mesmo antes de começar.

Realmente, não podemos viver sem a verdade. Precisamos da verdade não só para entender como viver bem, mas para saber como sobreviver. Além disso, ela é algo que dificilmente deixamos de notar. Portanto, somos obrigados a reconhecer, pelo menos implicitamente, que a verdade é importante para nós; e, por conseguinte, também somos obrigados a entender (de novo, pelo menos implicitamente) que a verdade não é um traço de fé em relação ao qual possamos nos permitir a indiferença. A indiferença não seria apenas uma questão de imprudência negligente. Logo se revelaria fatal. Assim, na medida em que apreciamos sua importância para nós, não seria razoável que nos permitíssemos nos abster de querer a verdade em muitas coisas ou de lutar para conquistá-la.

capítulo 3

Mas — alguém pode perguntar — desde quando *ser razoável* significa muita coisa para nós? É sabido que nós, humanos, temos o talento, tantas vezes exibido, de ignorar as exigências de racionalidade e fugir a elas. Como, então, considerar minimamente possível que respeitemos e aceitemos o imperativo racional de levar a verdade a sério?

Antes de desistirmos de nós mesmos rápido demais, vou introduzir na discussão alguns pensamentos pertinentes (e espero que úteis) de um notável filósofo judaico luso-holandês do século XVII: Baruch Espinosa. Espinosa afirmava que, achemos bom, apreciemos, alimentemos ou não o tipo de racionalidade aqui em questão, essa espécie de racionalidade será *imposta* a nós. Queiramos ou não, realmente *não podemos deixar* de nos submeter a ela. Somos *le-*

vados a isso, conforme Espinosa entendia a questão, por *amor*.

Espinosa explicou a natureza do amor da seguinte maneira: "O amor não é senão a Alegria com a idéia concomitante de uma causa externa" (*Ética*, parte III, proposição 13, escólio). Quanto ao sentido de "alegria", ele estipulou que é "o que segue aquela paixão pela qual o [...] [indivíduo] passa para uma maior perfeição" (*Ética*, parte III, proposição 11, escólio).

Suponho que muitos leitores não acharão nada atraentes essas frases um tanto opacas. De fato, elas parecem proibitivamente obscuras. Mesmo removendo essa barreira a um uso produtivo dos pensamentos de Espinosa, ainda assim não deixaria de ser razoável perguntar se, antes de mais nada, ele estava habilitado a falar com alguma autoridade especial sobre o amor. Afinal, não teve filhos, nunca se casou e, ao que parece, nunca teve sequer uma namorada firme.

É claro que esses detalhes referentes à sua vida pessoal não têm nenhuma relação plausível a não ser com questões sobre sua autoridade quanto ao amor romântico, ao amor conjugal e ao amor paterno. Mas não era em nenhum deles que Espinosa estava realmente pensando quando escreveu sobre o amor. De fato, ele não estava pensando especialmente em nenhuma variedade de amor que tenha necessariamente *uma pessoa* como objeto. Tentarei explicar o que acho que ele tinha em mente.

Espinosa acreditava que todo indivíduo tem uma natureza essencial que luta, ao longo da existência, para realizar e manter. Em outras palavras, ele achava que subjaz em cada indivíduo um ímpeto inato para se tornar, e se manter, aquilo que aquele indivíduo é mais essencialmente. Quando Espinosa escreveu sobre "aquela paixão pela qual o [...] [indivíduo] passa para uma maior perfeição", estava se referindo a um aumento, causado externamente (portanto, uma "paixão" — isto é, uma mudança no indivíduo que não surge por sua própria ação mas que é, antes, uma mudança em relação à qual ele é *passivo*), das capacidades do indivíduo para sobreviver e se desenvolver realizando sua natureza essencial. Sempre que aumentam as capacidades de um indivíduo para atingir esses objetivos, o aumento no poder do indivíduo para atingi-los vem acompanhado por um senso de maior vitalidade. O indivíduo percebe uma capacidade mais vigorosamente expansiva de se tornar e continuar a ser o que ele é de modo mais verdadeiro. Assim, ele se sente mais plenamente ele mesmo. Ele se sente mais plenamente vivo.

Espinosa supõe (e com bastante plausibilidade, julgo eu) que essa experiência de aumento da vitalidade — essa percepção de uma capacidade maior de realizar e manter a verdadeira natureza própria — é intrinsecamente animadora. A animação talvez possa se comparar à disposição que muitas vezes uma pessoa sente ao fazer um exercício físico revigorante, em que os pulmões, o coração e a capacidade muscular trabalham com mais intensidade que de costume. Quando as pessoas se exercitam com energia, freqüentemente elas têm uma sensação vital mais forte e mais completa do que antes de começar os exercícios, quando percebem suas capacidades de uma maneira menos plena e menos direta, quando estão menos transbordantes do senso de sua própria vitalidade. Creio que é uma experiência desse tipo que Espinosa tem em mente ao falar de "alegria"; a alegria, tal como eu acho que ele a entende, é uma sensação de aumento da capacidade individual de viver, e de continuar vivendo, de acordo com a natureza mais autêntica da pessoa.

Ora, se uma pessoa que sente alegria reconhece que a alegria tem uma certa causa externa — isto é, se a pessoa identifica algo ou alguém como o objeto a que ela *deve* sua alegria e de que sua alegria *depende* —, Espinosa acredita que a pessoa inevitavelmente *ama* esse objeto. É assim que ele entende o amor: a maneira como reagimos ao que reconhecemos como causa de nossa alegria. Segundo ele, então, as pessoas não podem deixar de amar o que quer que reconheçam como fonte de alegria para elas. Elas amam invariavelmente aquilo que acreditam ajudá-las a continuar a existir e a se tornar mais plenamente o que são. Aqui, parece-me que Espinosa está pelo menos na trilha certa. Muitos exemplos paradigmáticos de amor realmente mostram, de modo mais ou menos direto, o padrão definido por ele: as pessoas tendem a amar aquilo que sentem ajudá-las a "encontrar a si mesmas", a descobrir "quem realmente são" e a enfrentar bem a vida, sem trair sua natureza fundamental nem fazer concessões sobre ela.

Em sua apresentação da natureza essencial do amor, Espinosa acrescenta uma observação sobre o amor que também parece exata: "Quem ama necessariamente luta para ter presentes e preservar as coisas que ama" (*Ética*, parte III, proposição 11, escólio). As coisas amadas por alguém são evidente e necessariamente preciosas para esse alguém. Sua vida e o fato de alcançar e continuar a fruir a autenticidade pessoal dependem delas. Portanto, a pessoa naturalmente cuida de protegê-las e garantir que estejam a seu pronto alcance.

Segundo o que achava Espinosa, daí se segue que as pessoas não podem deixar de amar a verdade. Não podem deixar de fazê-lo, pensava ele, porque não podem deixar de reconhecer que a verdade é indispensável para que possam continuar a viver, e viver plenamente de acordo com sua própria natureza.

Sem acesso às verdades referentes a sua própria natureza individual, a suas capacidades e necessidades particulares, e sem acesso à disponibilidade e ao uso correto dos recursos de que precisam para sobreviver e se desenvolver, as pessoas teriam uma imensa dificuldade na vida. Não conseguiriam sequer estabelecer objetivos adequados para si mesmas, e muito menos buscar esses objetivos de maneira eficiente. Com efeito, estariam tão desamparadas que nem conseguiriam ir adiante.

Portanto, dizia Espinosa, alguém que despreza a verdade ou é indiferente a ela deve ser alguém que despreza sua própria vida ou é indiferente a esta. Tal atitude negligente ou hostil consigo mesmo é extremamente rara, e difícil de manter. Assim, Espinosa concluía que praticamente todos —

todos os que valorizam e se preocupam com a própria vida — amam a verdade, saibam ou não disso. Até onde posso ver, Espinosa, de modo geral, estava certo a esse respeito. Praticamente todos nós amamos a verdade, tenhamos ou não consciência disso. E, na medida em que reconhecemos o que significa lidar eficientemente com os problemas da vida, não podemos deixar de amar a verdade.

capítulo 4

O que vim apresentando até agora, em minha discussão sobre a verdade, é essencialmente uma consideração pragmática — isto é, utilitária ou visando as conseqüências. Além disso, é uma consideração que trata a "verdade" entendida *distributivamente* — isto é, não como referente a uma entidade de algum tipo misterioso passível de ser identificada e examinada como realidade separada em si, mas antes como uma característica que pertence a (ou que está "distribuída" entre) um número qualquer de proposições individuais e que só pode ser encontrada na medida em que caracteriza uma ou outra proposição verdadeira. A consideração que venho apresentando diz respeito à *utilidade* de muitas verdades para facilitar o êxito no planejamento e busca de ambições e atividades sociais ou individuais, utilidade esta que tais verdades só possuem por *ser* verdadeiras. Tal utilidade é um traço das verdades fácil de ser percebido, difícil de ser desconsiderado, e totalmente impossível de ser negado por qualquer pessoa sensata. Ela fornece a razão mais óbvia e mais elementar para as pessoas se importarem com a verdade — com a característica de ser verdadeiro — e a considerarem importante para elas.

Façamos agora um esforço para avançar um pouco mais. Poderemos avaliar melhor a importância da verdade se abordarmos uma questão que surge muito naturalmente, de uma forma ou outra, quando começamos a refletir sobre a evidente utilidade pragmática da verdade. Como as verdades possuem tal utilidade? Qual é a conexão explicativa entre o fato de que elas são verdadeiras e o fato de que elas têm tanto valor prático? Em suma, por que as verdades são úteis, afinal?

Não é muito difícil responder a essa pergunta. Pelo menos é fácil ver como *começar* a responder a ela. Quando estamos envolvidos na vida ativa, ou quando tentamos planejar e administrar nossos diversos assuntos práticos, estamos nos encarregando de lidar com a *realidade* (sendo que uma parte dessa realidade é feita por nós mesmos, e a maior parte dela, não). Os resultados de nossos esforços — bem como o valor desses resultados para nós — dependerão, pelo menos em parte, das propriedades dos objetos e fatos reais com que estamos lidando. Eles dependerão de como são esses objetos e fatos reais, como eles se encaixam em nossos interesses, e como, dadas suas características causalmente pertinentes, eles reagem ao que fazemos.

Na medida em que as verdades possuem valor instrumental, elas o possuem porque captam e transmitem a natureza dessas realidades. As verdades têm utilidade prática porque consistem em, e portanto podem nos fornecer, apresentações exatas das propriedades (inclusive e sobretudo as forças e potencialidades causais) dos objetos e fatos reais com que devemos lidar quando agimos.

Podemos agir com confiança, com uma expectativa razoável de êxito, apenas se dispusermos de suficiente informação a respeito. Precisamos saber o suficiente sobre o que estamos fazendo, e sobre os problemas e oportunidades que poderão surgir ao longo do caminho. Saber o suficiente é, aqui, uma questão de saber o suficiente sobre os fatos — isto é, sobre as realidades — que estão criticamente relacionados com nossos projetos e interesses correntes. Em outras palavras, é uma questão de saber o quanto de verdade sobre essas realidades é necessário para que possamos formular e alcançar nossos objetivos de maneira inteligente.

Quando captamos essas verdades — isto é, quando reconhecemos que elas *são* verdadeiras —, apreendemos como são realmente aqueles aspectos do mundo que apresentam um interesse particular para nós naquele momento. Isso nos permite avaliar quais as possibilidades verdadeiramente disponíveis para nós, quais os riscos e perigos que temos de enfrentar, e o que é razoável esperarmos. Em outras palavras, isso nos possibilita — pelo menos até certo ponto — saber o que fazer.

Ora, os fatos pertinentes são o que são, independentemente do que possamos achar a respeito deles, e independentemente do que possamos querer que eles sejam. Tal é, com efeito, a essência e o caráter definidor da factualidade, do ser real: as propriedades da realidade, e por conseguinte as verdades sobre suas propriedades, são o que são, independentemente de qualquer controle direto ou imediato de nossa vontade. Não podemos alterar os fatos, tampouco, analogamente, podemos alterar a verdade sobre os fatos, apenas por um exercício de julgamento ou por um impulso de desejo.

Visto que conhecemos a verdade, estamos numa posição de ser autorizadamente guiados em nossa conduta pelo caráter da própria realidade. Os fatos — a natureza verdadeira da realidade — são o recurso final e indiscutível da investigação. Eles ditam e sustentam uma resolução definitiva e a refutação completa de todas as incertezas e dúvidas. Quando eu era criança, muitas vezes me sentia oprimido pela mistura caótica de crenças e noções implausíveis que vários adultos tentavam me impingir. Minha dedicação pessoal à verdade se originou, até onde consigo lembrar, da convicção libertadora de que, uma vez que eu tivesse apreendido a verdade, não seria mais desviado nem perturbado pelas especulações, palpites ou esperanças de ninguém (nem de mim mesmo).

Na medida em que captamos as verdades que precisamos saber, podemos desenvolver juízos sensatos referentes ao que gostaríamos que acontecesse, e referentes aos resultados a que os vários cursos de ação possíveis provavelmente levarão. Isso porque agora temos consciência mais ou menos plena daquilo com que estamos lidando, e porque sabemos como os objetos e fatos que estariam implicados num ou noutro curso de ação subseqüente reagirão ao que fizermos. Numa certa parte do mundo, portanto, somos capazes de nos mover sentindo-nos mais relaxados e seguros. Sabemos quais são os constituintes importantes de nosso ambiente, sabemos onde encontrá-los e podemos manobrar livremente sem colidir com as coisas. Nessa região do mundo, podemos começar — por assim dizer — a nos sentir em casa.

Nem é preciso dizer que essa "casa" em que nos encontramos talvez não seja um local muito atraente ou convidativo. Ela pode estar cheia de terríveis ciladas e armadilhas. As realidades que ela exigirá que enfrentemos podem ser perigosas e desagradáveis. Longe de sentirmos plena confiança em enfrentar o que nos espera, podemos não sentir confiança alguma em que conseguiremos tratar com eficiência do que nos espera, ou mesmo em que conseguiremos sair vivos disso.

Alguns diriam que podem existir realidades tão assustadoras, ou tão desalentadoras e desmoralizadoras, que seria melhor nem sabermos nada sobre elas. Em minha opinião, contudo, quase sempre é mais vantajoso *encarar* os fatos com que temos de lidar do que continuar a ignorá-los. Afinal, fechar os olhos à realidade não diminuirá seus perigos e ameaças; além disso, nossas chances de ser bem-sucedidos ao lidar com os riscos que ela apresenta certamente serão maiores se nos dispusermos a ver as coisas de frente.

Isso se aplica tanto à verdade sobre nosso caráter e nossas tendências internas, creio eu, como às realidades do mundo externo a nós. Precisamos reconhecer o que de fato queremos, o que nos satisfaz mais plenamente, quais as ansiedades que mais intratavelmente nos impedem de agir como gostaríamos. Sem dúvida, é excepcionalmente difícil atingir o autêntico autoconhecimento, e a verdade sobre o que somos certamente pode ser penosa. Em nossos esforços de conduzir bem nossa vida, porém, a disposição de encarar fatos perturbadores sobre nós mesmos pode ser um trunfo ainda mais importante do que uma compreensão competente apenas daquilo que temos de enfrentar no mundo externo.

Sem a verdade, simplesmente não temos nenhuma opinião sobre as coisas, ou nossa opinião está errada. De uma maneira ou outra, não sabemos em que tipo de situação nos encontramos. Não sabemos o que se passa, seja no mundo ao redor, seja dentro de nós mesmos. Se chegamos a ter algumas crenças sobre essas questões, elas são errôneas; e, naturalmente, crenças falsas não nos dão uma ajuda eficiente para enfrentar as coisas. Talvez possamos ser, por algum tempo, *afortunadamente* ignorantes ou *alegremente* iludidos, e assim, apesar de todas as dificuldades que nos ameaçam, podemos evitar temporariamente sentirmo-nos sobretudo nervosos ou transtornados. Mas, ao fim e ao cabo, nossa ignorância e nossas falsas crenças provavelmente apenas pioram nossas circunstâncias de vida.

O problema com a ignorância e o erro é, evidentemente, que eles nos deixam no escuro. Sem as verdades que nos são necessárias, não temos nada a nos guiar, a não ser nossas próprias fantasias ou especulações irresponsáveis e o conselho importuno e inconfiável dos outros. Quando planejamos nossa conduta, portanto, o máximo que podemos fazer é desfiar palpites desinformados e esperar trêmulos pelo melhor. Não sabemos onde estamos. Estamos num vôo cego. Podemos avançar apenas tenteando nosso caminho, sentindo-o às apalpadelas.

Esse tatear insensato pode funcionar bem por um certo tempo. Mas, no final, é inevitável que ele nos enleie em sérios problemas. Não sabemos o suficiente para evitar, ou para superar, os obstáculos e os perigos que fatalmente encontraremos. De fato, estamos condenados a continuar ignorando-os de todo até o momento em que for tarde demais. E, a essa altura, é claro que tomaremos conhecimento deles apenas por reconhecer que já estamos derrotados.

capítulo 5

Os seres humanos são, numa antiga definição, animais racionais. A racionalidade é nossa característica mais distintiva. Ela nos diferencia essencialmente de todas as outras espécies de criaturas. Além disso, nós temos uma forte inclinação, e estamos convencidos de que também temos alguma razão convincente, para considerar nossa racionalidade algo que nos torna superior a elas. Em todo caso, é a característica de que nós, humanos, com mais insistência e mais teimosia nos orgulhamos.

No entanto, não poderíamos propriamente considerar que estamos funcionando de modo racional se não reconhecêssemos a diferença entre ser verdadeiro e ser falso. Ser racional é, fundamentalmente, uma questão de responder adequadamente a razões. Ora, razões são constituídas de fatos: o fato de estar chovendo constitui uma razão — claro que não necessariamente uma razão conclusiva — para que as pessoas que estão na região em que está chovendo e preferem não se molhar estejam usando guarda-chuvas. Qualquer pessoa racional que entende o que é a chuva e o que fazem os guarda-chuvas reconhecerá isso. Para colocar de maneira um pouco diferente: o fato de estar chovendo numa certa região significa que há uma razão para que as pessoas naquela região usem guarda-chuvas caso queiram evitar se molhar.

Apenas se for *verdadeiramente* um fato que esteja chovendo na região especificada — e, assim, apenas se a asserção "está chovendo na região em pauta" for *verdadeira* —, poderá o fato da questão ou da asserção sobre a questão fornecer a quem quer que seja uma razão para usar um guarda-chuva. Asserções falsas não fornecem nenhuma base racional para coisa alguma; elas não podem servir eficientemente como razões para ninguém. É claro que alguém pode exibir seu virtuosismo intelectual extraindo (isto é, deduzindo) as implicações de asserções falsas — mostrando, em outras palavras, quais as conclusões que *seriam* racionalmente garantidas por essas asserções *se* elas fossem realmente verdadeiras, *em vez de* falsas. Tal demonstração de agilidade e poder de raciocínio dedutivo pode ser um exercício divertido e até, talvez, impressionante; e possivelmente serviria também para alimentar em seu autor uma certa vaidade vazia e sem substância. Mas, em condições normais, ela não faria muito sentido.

As noções de verdade e factualidade, portanto, são indispensáveis para fornecer uma substância significativa ao exercício da racionalidade. São indispensáveis até para entender o próprio conceito de racionalidade em si. Sem elas, o conceito não teria nenhum sentido, e a própria racionalidade (fosse lá o que quer que ela tivesse se tornado nessas condições de privação) seria de pouquíssimo uso. Não podemos nos conceber como criaturas cuja racionalidade nos dota de uma vantagem especialmente importante em relação às demais — com efeito, não podemos nos conceber como criaturas racionais em absoluto — a não ser que nos concebamos como criaturas que reconhecem que os fatos, e as asserções verdadeiras sobre os fatos, são indispensáveis para nos fornecer razões para acreditarmos (ou não acreditarmos) em várias coisas e para empreendermos (ou não empreendermos) várias ações. Se não temos respeito pela distinção entre verdadeiro e falso, podemos desde já nos despedir de nossa tão glorificada "racionalidade".

capítulo 6

Existe, evidentemente, uma íntima relação entre a noção de verdade e a noção de factualidade. Para todo fato, existe uma asserção verdadeira a ele relacionada; e toda asserção verdadeira se relaciona a um fato. Existem também íntimas relações entre a noção de *verdade* e as noções de *confiança* e *segurança*. Essas relações se revelam etimologicamente quando consideramos a semelhança bastante evidente entre a palavra *truth* e o termo inglês um tanto arcaico *troth*. (As referências à etimologia muitas vezes anunciam que lá vem bobagem; mas tenham paciência comigo ou, se preferirem, verifiquem pessoalmente.)

Embora não seja mais de uso corrente, em geral ainda entendemos que, nas cerimônias de noivado [be*troth*al] e de casamento, o homem e a mulher se comprometem a "empenhar sua *troth*" um ao outro. O que significa quando um empenha sua *troth* ao outro? Significa que cada qual promete que será *verdadeiro* [*true*] com o outro. Os dois se comprometem mutuamente a atender várias expectativas e exigências que são definidas pela moral ou pelo costume local. Cada qual garante que a outra pessoa poderá seguramente *confiar* [*trust*] que ela será *verdadeira* [*true*], pelo menos no que se refere a atender aquelas exigências e expectativas específicas.

Naturalmente, não é apenas no contexto do noivado e do casamento que é importante que as pessoas confiem umas nas outras. Geralmente, as relações sociais e comunais, em suas múltiplas formas e versões, só podem ser efetivas e harmoniosas se as pessoas têm um grau razoável de segurança de que as outras são, de modo geral, confiáveis. Se as pessoas fossem geralmente desonestas e inconfiáveis, a mera possibilidade de vida social pacífica e produtiva estaria ameaçada.

Isso levou alguns filósofos a insistir, com uma veemência considerável, que a mentira corrói decisivamente a coesão da sociedade humana. Immanuel Kant, por exemplo, declarou que, "sem a verdade, o contato e a conversa social se tornam sem valor" (*Palestras sobre ética*). E afirmou que, visto que mentir realmente ameaça a sociedade dessa maneira, "uma mentira sempre prejudica outrem; se não um homem em particular, ainda assim ela prejudica a humanidade em geral" ("Sobre um suposto direito de mentir por motivos altruístas"). Michel Montaigne afirmou algo parecido: "Sendo nosso contato realizado apenas por meio da palavra, quem a falsifica é um traidor da sociedade" ("Sobre a mentira"). "Mentir é um vício amaldiçoado", declarou ele. E então acrescentou, entusiasmando-se pelo assunto com uma intensidade extraordinária: "Se simplesmente reconhecêssemos o horror e a gravidade de [...] [mentir], seria mais justo puni-lo com chamas do que a outros crimes" ("Sobre os mentirosos"). Em outras palavras, os mentirosos — mais que qualquer outro tipo de criminoso — merecem ser queimados na fogueira.

Montaigne e Kant por certo tinham alguma razão. Mas exageraram. Ao contrário do que afirmavam, o contato social efetivo não depende *estritamente* de pessoas falando a verdade entre si (não como, por exemplo, a respiração *depende estritamente* do oxigênio, sendo *totalmente impossível* sem ele); tampouco a conversa perde de fato *todo* o seu valor quando as pessoas mentem (pode surgir alguma informação real, e o valor de entretenimento da conversa pode até aumentar). Afinal, a quantidade de toda espécie de mentiras e deturpações que existe hoje no mundo (da qual a torrente incomensurável de bobagens não passa de uma simples fração) é enorme, e, no entanto, a vida social produtiva de alguma maneira consegue continuar. O fato de que as pessoas muitas vezes se entregam a mentiras, e a outros tipos de comportamento fraudulento, dificilmente impossibilita um convívio proveitoso com elas ou impede qualquer conversa. Apenas significa que temos de ser cuidadosos.

Podemos nos sair muito bem num ambiente de fraude e falsidade, desde que possamos contar razoavelmente com nossa própria capacidade de discernir confiavelmente entre casos em que as pessoas estão deturpando as coisas para nós e casos em que estão nos tratando com sinceridade. Assim, uma segurança geral quanto à veracidade dos outros não é essencial, desde que contemos com a justificativa de ter uma certa espécie de segurança em nós mesmos.

Sem dúvida, porém, somos enganados com facilidade. Além disso, sabemos que é esse o caso. Assim, não é muito fácil para nós adquirir e manter uma confiança segura e justificável em nossa capacidade de reconhecer as tentativas de embuste. Por essa razão, o contato social de fato seria gravemente prejudicado por um desrespeito irrefletido e generalizado pela verdade. Contudo, nosso interesse em proteger a sociedade contra tal sobrecarga não é o que nos fornece nossa principal razão para nos importarmos com a verdade.

Encontrar gente que mente para nós, ou que demonstra de alguma outra maneira falta de consideração pela verdade, tende a nos enfurecer e a nos tirar do sério. Mas isso não ocorre basicamente, ao contrário do que provavelmente julgariam Montaigne e Kant, por recearmos que a mentira com que nos deparamos ameace ou prejudique a ordem da sociedade. Nossa principal preocupação por certo não é a preocupação de um *cidadão*. O que surge mais imediatamente em nossa reação ao mentiroso não é o *espírito público*. É algo mais pessoal. Como regra, exceto talvez quando as pessoas deturpam assuntos que envolvem diretamente interesses públicos importantes, ficamos consternados muito menos pelo dano que os mentirosos podem estar causando ao bem-estar geral do que pela conduta deles em relação a nós mesmos. O que nos atiça contra eles, tenham, de alguma forma, conseguido ou não trair toda a humanidade, é que eles certamente nos lesaram.

capítulo 7

Como as mentiras nos lesam? Com efeito, como todo mundo sabe, existem muitas circunstâncias familiares em que as mentiras não são verdadeiramente lesivas a nós. Às vezes até podem ser genuinamente benéficas, de modo geral. Por exemplo, uma mentira pode nos proteger, de uma forma ou outra, de tomarmos conhecimento de determinados estados de coisas, quando ninguém (inclusive nós próprios) tem nada a ganhar com o fato de termos conhecimento deles e quando o fato de termos conhecimento deles causaria a nós ou a terceiros grave sofrimento. Ou uma mentira pode nos afastar de um curso de ação que achamos tentador mas que, de fato, nos levaria a agir de uma maneira mais danosa do que benéfica para nós mesmos. É claro que às vezes devemos reconhecer que, considerando todos os fatores, termos sido enganados por uma mentira foi efetivamente útil para nós.

Mesmo assim, é freqüente sentirmos nesses momentos que por certo havia *algo* mau na ação do mentiroso. Em tais circunstâncias, pode ser razoável sentirmos gratidão pela mentira. Mas, embora da mentira possa ter resultado algum bem, no fundo acreditamos que teria sido ainda melhor se seus efeitos benéficos pudessem ter surgido mantendo-se a verdade, sem recurso algum à mentira.

O que há de irredutivelmente pior nas mentiras é que elas conseguem interferir no nosso esforço natural de apreender o real estado de coisas e prejudicar esse esforço. Elas se destinam a nos impedir de estar em contato com o que realmente se passa. Ao dizer sua mentira, o mentiroso tenta nos fazer acreditar que os fatos são diferentes daquilo que efetivamente são. Ele tenta impor sua vontade a nós. Ele quer nos induzir a aceitar sua falsificação como uma apresentação exata do mundo tal como este verdadeiramente é.

Na medida em que ele consegue isso, adquirimos uma visão do mundo que tem sua fonte na imaginação dele, em vez de estar direta e confiavelmente radicada nos fatos pertinentes. O mundo em que vivemos, na medida em que nosso entendimento dele é moldado pela mentira, é um mundo imaginário. Podem existir lugares piores para viver; mas esse mundo imaginário não será para nós, de forma alguma, uma residência permanente.

As mentiras se destinam a prejudicar nossa apreensão da realidade. Assim elas pretendem, de maneira muito real, nos enlouquecer. Na medida em que acreditamos nelas, nossa mente está ocupada e governada por ficções, fantasias e ilusões que o mentiroso forjou para nós. O que aceitamos como real é um mundo que os outros não conseguem ver, tocar ou sentir de nenhuma maneira direta. Uma pessoa que acredita numa mentira é forçada por ela a viver "em seu próprio mundo" — um mundo em que os outros não podem entrar e em que nem o próprio mentiroso vive de verdade. Desse modo, a vítima da mentira está, na medida de sua privação da verdade, excluída do mundo da experiência comum e isolada num reino ilusório para o qual não há nenhum caminho que os outros possam encontrar ou trilhar.

A verdade e a preocupação com a verdade nos dizem respeito, portanto, de maneiras que não se restringem simplesmente a nossos interesses práticos cotidianos. Elas têm também um significado mais profundo e mais danoso. Uma das poetas contemporâneas cuja leitura me traz mais satisfação, Adrienne Rich, apresenta um retrato do efeito maligno que a mentira inevitavelmente produz no próprio mentiroso — afora seu efeito prejudicial sobre aquele a quem a mentira é contada. Com uma precisão poética, ela observa que "o mentiroso leva uma existência de indizível solidão" ("Women and honor: some notes on lying" [Mulheres e honra: algumas notas sobre a mentira], em Adrienne Rich, *Lies, secrets, and silence* [Mentiras, segredos e silêncio] [Nova York: 1979], p. 191). A solidão é precisamente *indizível* porque o mentiroso não pode sequer revelar que *é* solitário — que não existe ninguém em seu mundo forjado — sem com isso revelar que mentiu. Ele oculta seus próprios pensamentos, fingindo acreditar naquilo em que não acredita, e assim torna impossível que as outras pessoas tenham pleno contato com ele. Elas não podem reagir a ele com base no que ele realmente é. Não podem sequer perceber que não o fazem.

O mentiroso, na medida em que mente, se recusa a ser conhecido. Isso é um insulto a suas vítimas. Naturalmente, fere o orgulho delas. Pois lhes nega acesso a um modo elementar de intimidade humana, que normalmente é tido como líquido e certo: a intimidade que consiste em saber o que está na mente de outra pessoa.

Em certos casos, nota Rich, as mentiras podem causar uma espécie de dano ainda mais profundo. "Descobrir que o outro mentiu numa relação pessoal", diz ela, "leva a pessoa a se sentir um pouco louca" (*Lies, secrets, and silence*, p. 186). Aqui também, a observação dela é perspicaz. Quando estamos lidando com alguém que mal conhecemos, temos de fazer uma avaliação mais ou menos cautelosa de sua confiabilidade, para podermos achar satisfatoriamente que o que ele nos conta coincide com aquilo em que efetivamente acredita; e tal avaliação, em geral, diz respeito apenas a certas asserções específicas que ele fez. Com nossos amigos próximos, por outro lado, essas duas condições são com freqüência abrandadas. Supomos que nossos amigos geralmente são honestos para conosco, e em boa medida tomamos isso como líquido e certo. Nossa tendência é confiar em tudo o que eles dizem, e confiamos, não na base de um cálculo estabelecendo que agora estão nos dizendo a verdade, mas sobretudo porque nos sentimos à vontade e em segurança com eles. Como costumamos dizer: "*Simplesmente sabemos* que eles não mentiriam para nós".

Com os amigos, a expectativa de acesso e intimidade se torna natural. Ela está radicada não num juízo calculado, e sim em nossos sentimentos — isto é, em nossa experiência subjetiva, mais que numa avaliação intelectual baseada em dados objetivos pertinentes. Seria excessivo dizer que nossa tendência em confiar nos amigos faz parte da essência de nossa natureza. Mas bastaria dizer, como de fato às vezes dizemos, que confiar neles se tornou uma "segunda natureza" para nós.

É por isso que, como observa Rich, descobrir que um amigo nos mentiu desperta em nós a sensação de estarmos um pouco loucos. A descoberta nos expõe algo sobre nós *mesmos* — algo muito mais perturbador que simplesmente a sensação de termos feito uma avaliação equivocada ou cometido um erro de julgamento. Ela revela que *nossa própria natureza* (isto é, nossa *segunda* natureza) é inconfiável, tendo-nos levado a contar com alguém em quem não devíamos ter confiado. Mostra-nos que não podemos confiar realisticamente em nossa própria capacidade de distinguir entre verdade e falsidade — nossa capacidade, em outras palavras, de reconhecer a diferença entre o que é e o que não é real. Nem é preciso dizer que conseguir enganar um amigo supõe um defeito naquele que diz a mentira. Mas mostra ainda que a vítima do engano também possui um defeito. O mentiroso a trai, mas ela também é traída por seus próprios sentimentos.

A autotraição está relacionada com a loucura porque é uma marca distintiva do irracional. O âmago da racionalidade é ser coerente; e ser coerente, nos atos ou nos pensamentos, impõe pelo menos proceder de modo a não derrotar a si mesmo. Aristóteles sugeria que um agente age racionalmente na medida em que ajusta suas ações ao "meio" — isto é, a um ponto a meio caminho entre o excesso e a deficiência. Suponhamos que, em nome da boa saúde, alguém siga uma dieta que é tão pobre ou tão indulgente que não só *não melhora* sua saúde, como também o deixa *menos saudável* do que era. Aristóteles insistia que é nessa derrota de seu próprio objetivo, nessa autotraição, que consiste a *irracionalidade prática* da divergência da pessoa com o meio.

Analogamente, a atividade intelectual é prejudicada pela incoerência *lógica*. Quando uma linha de pensamento gera uma contradição, sua elaboração progressiva posterior fica bloqueada. Não importa a direção para a qual a mente se volte, ela tem de retroceder: precisa afirmar o que já foi rejeitado, ou precisa negar o que já foi afirmado. Assim, tal como o comportamento que frustra nossa própria ambição, o pensamento contraditório é irracional porque derrota a si mesmo.

Quando uma pessoa descobre que lhe mentiram e que quem mentiu foi alguém em quem ela achara natural poder confiar, isso lhe mostra que ela não pode contar com seus próprios sentimentos de confiança, nela sedimentados. Ela vê que, em sua tentativa de identificar as pessoas em quem pode depositar confiança, foi traída por suas próprias inclinações naturais. Estas a levaram não a alcançar a verdade, e sim a perdê-la. Sua suposição de que poderia se guiar de acordo com sua própria natureza se revelou capaz de lhe infligir autoderrotas, e portanto irracional. Como ela descobre que, por natureza, perdeu o contato com a realidade, ela pode muito bem se sentir um pouco louca.

capítulo 8

Por mais penetrantes e elucidativas que possam ser as idéias de Rich sobre a mentira nas relações pessoais, essa questão, como, aliás, quase todas as questões, tem mais de um lado. Outro poeta maravilhoso — talvez, de fato, o maior de todos — tem uma história bem diferente para contar. Eis o soneto 138, provocativo e encantador, de Shakespeare:

> Quando jura ser feita de verdades,
> Em minha amada creio, e sei que mente,
> E passo assim por moço inexperiente,
> Não versado em mundanas falsidades.
> Mas crendo em vão que ela me crê
>   [mais jovem
> Pois sabe bem que o tempo meu já
>   [míngua,
> Simplesmente acredito em falsa língua:
> E a patente verdade os dois removem.
> Por que razão infiel não se diz ela?

Por que razão também escondo a idade?
Oh, lei do amor fingir sinceridade
E amante idoso os anos não revela.
   Por isso eu minto, e ela em falso jura,
   E sentimos lisonja na impostura.

When my love swears that she is made
                              [of truth,
I do believe her though I know she lies,
That she might think me some untutor'd
                              [youth,
Unlearned in the world's false subtleties.
Thus vainly thinking that she thinks
                              [me young,
Although she knows my days are past
                              [the best,
Simply I credit her false-speaking tongue:
On both sides thus is simple truth supprest:
But wherefore says she not she is unjust?
And wherefore say not I that I am old?
O! love's best habit is in seeming trust,

And age in love, loves not to have
*   [years told:*
Therefore I lie with her, and she with me,
And in our faults by lies we flatter'd be.

Existe um dogma amplamente aceito segundo o qual é essencial que os amantes confiem um no outro. Shakespeare tem dúvidas a respeito. Ele observa no soneto que a melhor coisa para os amantes — "lei do amor" — não é a confiança *genuína*. A mera "confiança *aparente*" também é boa, diz ele, e às vezes até melhor.

A mulher no poema de Shakespeare diz ser totalmente verdadeira — "jura ser feita de verdades" —, mas finge acreditar que o homem é mais jovem do que ela sabe que ele é. O homem sabe que ela não acredita realmente nisso, mas resolve aceitar o retrato que ela apresenta de si mesma, como pessoa verdadeira. Assim, ele se decide a pensar que ela realmente acredita na mentira que ele lhe contou a respeito de sua idade, e que ela de fato o considera mais jovem do que ele efetivamente é.

Ela mente para ele ao dizer quão honesta é e quando declara acreditar na idade que ele diz ter. Ele mente para ela sobre a idade que tem e quando finge aceitar a descrição que ela dá de si mesma, como pessoa rigorosamente verdadeira. Os dois sabem de tudo isso: cada qual sabe que o outro está mentindo, e ambos sabem que um não acredita nas mentiras do outro. Mas cada qual finge acreditar que o outro é absolutamente sincero. Essa coleção de mentiras permite que os dois amantes, unidos numa "confiança aparente", acreditem que suas mentiras lisonjeiras sobre si mesmos — ela como impecavelmente honesta, ou ele como atraentemente jovem — foram aceitas. E assim, ambos mentindo dessa maneira, concluem mentindo juntos e felizes.

Sugeri mais acima que uma parte do defeito de mentir é que o mentiroso, ao negar acesso ao que se passa verdadeiramente em seu espírito, impossibilita um modo de intimidade humana elementar e normalmente esperado. Essa impossibilidade decerto não se encontra na situação descrita por Shakespeare. Os amantes no soneto sabem não só o que está na mente do outro, como também o que está por trás dela. Cada qual sabe o que o outro está *realmente* pensando. E cada qual sabe que o outro sabe disso: eles mentem grandiosamente um para o outro, mas nenhum engana o outro. Cada qual sabe que o outro está mentindo, e cada qual sabe que o outro enxerga através de suas mentiras.

Nenhum dos amantes está realmente incólume. Ambos entendem o que de fato está se passando nesse jogo de espelhos em que as trapaças excogitadas por um e por outro se sobrepõem. Tudo está tranqüilizadoramente claro para eles. Os amantes sabem com segurança que suas mentiras não prejudicam o amor entre ambos. Eles podem enxergar, através de todas as mentiras que ouviram e através de todas as mentiras que disseram, que o amor entre ambos sobrevive mesmo sabendo a verdade.

Meu palpite é que a intimidade entre esses amantes mentirosos, em virtude de reconhecerem mutuamente suas mentiras e em virtude também de saberem que elas não conseguiram enganar o outro, é sobretudo profunda e agradável. A intimidade alcançada atinge os recônditos que eles tentaram manter especificamente ocultos, e a um custo potencialmente elevado. Porém, eles não conseguiam esconder nada um do outro. Os recônditos ocultos de cada um foram penetrados. A percepção de cada um deles de que ocupa o outro e por este é ocupado, e que essa penetração mútua de suas mentiras levou, de uma maneira maravilhosa, suas tentativas de fraude à verdade do amor, deve ser de um deleite fantástico.

Normalmente, não recomendo nem tolero a mentira. Na maioria dos casos, sou totalmente a favor da verdade. No entanto, se vocês têm confiança em que podem se colocar numa situação como a esboçada por Shakespeare no soneto, meu conselho é: vão em frente!

V

capítulo 9

A verdade possui um valor instrumental quando é tomada, por assim dizer, em pedaços separados. Afinal, as verdades individuais e específicas é que são úteis. O valor pragmático da verdade se manifesta ao engenheiro em asserções referentes a coisas como a resistência à tração e a resistência dos materiais; ao médico em asserções referentes, digamos, à contagem de leucócitos; ao astrônomo em descrições das trajetórias dos corpos celestes; e assim por diante.

Nenhum desses indivíduos que buscam e utilizam a verdade está necessariamente preocupado com a verdade *como tal*. Eles se importam basicamente com os fatos avulsos e as inferências que podem ser extraídas desses fatos. Isso não requer que eles se importem com as noções abstratas de *factualidade* ou de *verdade*. A curiosidade deles diz respeito a verdades sobre fatos que pertencem a um campo de investigação específico. Essa curiosidade é satisfeita quando eles adquirem um conjunto de crenças que consideram verdadeiras, e portanto úteis, sobre os tópicos particulares que lhes interessam especialmente.

Mas o que se pode dizer sobre o valor da *verdade em si*, além das sugestões comuns que já apresentei em relação ao valor das verdades individuais? Para começar, vamos esclarecer o que queremos dizer quando perguntamos sobre o valor da verdade em si, ou quando perguntamos qual a razão para nos importarmos com a verdade *como tal*. Mesmo antes disso, aliás, deveríamos realmente esclarecer, em primeiro lugar, *o que significa* — concretamente e como questão prática — valorizar e se importar com a *verdade*. Em que de fato consiste se importar com a verdade, como algo diferente de simplesmente se importar com a aquisição e exploração de verdades específicas?

Por um lado, evidentemente, uma pessoa que se importa com a verdade se importa com o fortalecimento e a ampliação de nossa apreensão de verdades particulares, sobretudo de verdades que são particularmente interessantes ou podem ser particularmente valiosas. Importar-se com a verdade também acarreta outras coisas: encontrar satisfação, e talvez a alegria especial do amante, em reconhecer e entender verdades significativas que antes eram desconhecidas ou obscuras; querer proteger contra a distorção e o descrédito nossa avaliação das verdades que já possuímos; e, em geral, decidir incentivar dentro da sociedade, na medida em que somos capazes disso, uma preferência sólida e estável por crenças verdadeiras, em vez da ignorância, do erro, da dúvida e da deturpação. Há todas as razões para supor que essas ambições são sinceramente partilhadas pelos que se dedicam a buscar verdades específicas sobre assuntos particulares. Com efeito, seria difícil encontrar alguém que julgasse tais ambições sem valor.

Em todo caso, importar-se com a verdade desempenha um papel muito diferente em nossas vidas, e em nossa cultura, daquele de se importar com a acumulação de verdades individuais. Possui uma significação mais profunda e mais geral. Fornece base e motivação para nossa curiosidade sobre os fatos e para nosso engajamento na importância da investigação. É porque achamos que a verdade é importante para nós que nos importamos em acumular verdades.

Devo admitir que isso não é muito mais do que repetir minha velha história sobre a utilidade da verdade. Mas há aqui outra história a contar. É uma história mais filosófica, que não se refere apenas a nossas necessidades e interesses práticos.

Aprendemos que somos seres separados no mundo, diferentes daquilo que não é nossa pessoa, enfrentando obstáculos para realizar nossas intenções — isto é, entrando em oposição para implementar nossa vontade. Quando certos aspectos de nossa experiência não se submetem a nossos desejos, quando, pelo contrário, são refratários e até hostis a nossos interesses, então fica claro para nós que eles não fazem parte de nós mesmos. Reconhecemos que eles não estão sob nosso controle direto e imediato; pelo contrário, fica evidente que são independentes de nós. Essa é a origem de nosso conceito de realidade, que é essencialmente um conceito do que nos limita, do que não podemos alterar nem controlar pelo simples movimento de nossa vontade.

Na medida em que aprendemos em maiores detalhes como somos limitados e quais são os limites de nossa limitação, vimos então a delinear nossas próprias fronteiras e, assim, a discernir nossa própria forma. Aprendemos o que podemos e o que não podemos fazer, e os tipos de esforço que devemos fazer para realizar o que é efetivamente possível para nós. Aprendemos quais são nossas capacidades e nossas vulnerabilidades. Isso nos dá um senso ainda mais enfático de nossa separação, e também define para nós o tipo específico de ser que somos.

Assim, nosso reconhecimento e entendimento de nossa própria identidade surge e depende integralmente de nossa avaliação de uma realidade que é definitivamente independente de nós mesmos. Em outras palavras, surge e depende de nosso reconhecimento de que existem fatos e verdades sobre os quais não podemos esperar ter um controle direto ou imediato. Se não existissem tais fatos ou verdades, se o mundo se tornasse dócil e invariavelmente aquilo que quiséssemos ou desejássemos que ele fosse, seríamos incapazes de nos diferenciar do que é distinto de nós, e não teríamos nenhuma noção do que nós próprios somos particularmente. É apenas através de nosso reconhecimento de um mundo com uma realidade, com fatos e com verdades obstinadamente independentes, que vimos a nos reconhecer como seres distintos dos outros e a articular a natureza específica de nossas próprias identidades.

Como, então, podemos deixar de levar a sério a importância da factualidade e da realidade? Como podemos deixar de nos importar com a verdade?

Não podemos.

Harry G. Frankfurt nasceu em 1929, e é professor emérito de filosofia na Princeton University. É autor de *The defense of reason in Descartes's meditations*; *The reason of love*; *Necessity, volition and love*, entre outros. Em 2005, publicou o best-seller *On bullshit* [*Sobre falar merda*]

Esta obra foi composta
por warrakloureiro
em Walbaum e impressa
pela RR Donnelley Moore
em ofsete sobre papel
pólen bold da Suzano Papel
e Celulose para a Editora
Schwarcz em agosto de 2007